AF338336

NOTICE

SUR

M. ANDRÉ VERGER,

PRÊTRE,

MISSIONNAIRE DU SAINT-ESPRIT,

A Saint-Laurent-sur-Sèvre,

NANTES,

IMP. BOURGINE, MASSEAUX ET COMP.

Rue Notre-Dame, 5.

—

1848.

OTICE SUR M. ANDRÉ VERGER.

NOTICE

M. ANDRÉ VERGER,

PRÊTRE,

MISSIONNAIRE DU SAINT-ESPRIT,

A SAINT-LAURENT-SUR-SÈVRES.

M. André VERGER était né à la Papi-
nière, village de la paroisse de Pannecé,
diocèse de Nantes, le 4 novembre 1759,
et appartenait à une famille estimable de
laboureurs aisés. Ayant montré du goût
pour l'état ecclésiastique, il commença
l'étude de la langue latine chez un de ses
oncles, alors recteur de Vigneux, et fit
ses humanités au collége d'Ancenis, où

il eut constamment des succès. Entré ensuite au séminaire de Nantes, il y eut pour professeur le pieux et savant M. Duclaux, placé plus tard, en qualité de supérieur-général, à la tête de la Compagnie des Prêtres de Saint-Sulpice, après le célèbre M. Emery. Le jeune Verger profita pour sa sanctification, des leçons de ce maître habile.

Sa famille remarquait qu'il conservait le calme en toute circonstance. On lui en demanda un jour la raison : « C'est, » dit-il, qu'il est plus facile d'éviter le » précipice que de s'en retirer, lors- » qu'on y est tombé. Si je me fâchais, » ajouta-t-il, je craindrais qu'il ne m'en » coûtât trop pour pardonner. Afin d'évi- » ter cette peine, j'ai pris le parti de ne » me fâcher jamais contre personne. »

Obligé d'attendre l'âge compétent pour

recevoir la prêtrise, M. Verger, après
avoir reçu le diaconat, entra comme
précepteur chez M. Le Loup de la Biliais,
conseiller au parlement de Bretagne,
homme très-respectable, qui donnait,
ainsi que sa famille, l'exemple de toutes
les vertus. Le jeune diacre, chargé
de l'éducation de trois jeunes garçons,
demeura dans cette pieuse famille jus-
qu'au moment où il fut élevé au sa-
cerdoce. Il remplit alors les fonctions
de vicaire, successivement dans les pa-
roisses de Saint-Étienne-de-Mont-Luc
qu'habitait M. de la Biliais, de Nort et
de Couffé, où il eut pour recteur M.
Hervé de La Bauche, prêtre vénérable,
nommé après le concordat chanoine-ho-
noraire de Nantes.

M. Verger était depuis deux ans à
Couffé, lorsque les Missionnaires du
Saint-Esprit, de Saint-Laurent-sur-Sèvre,

y donnèrent une mission, en 1789. Il les seconda avec zèle, et s'affectionna tellement à cette œuvre sainte qu'il résolut de s'attacher à leur société. Il quitta secrètement Couffé, alla trouver les Missionnaires à Nort, où ils travaillaient, et malgré les efforts de son recteur, qui lui promettait de lui résigner sa cure, il crut devoir suivre son attrait pour la vie apostolique.

Fidèle à sa vocation, il y répondit par son dévouement, et annonça la parole de Dieu dans divers lieux du Poitou et de la Bretagne. Plusieurs personnes, qui lui donnèrent leur confiance, conçurent une haute idée de sa capacité comme directeur des âmes. Mais tandis que M. Verger se livrait ainsi sans réserve à ses utiles travaux, la persécution contre la religion devenait chaque jour plus violente. Il était retourné à Saint-Laurent, où est la maison des Missionnaires. Bientôt il fallut qu'il songeât à quitter la France pour mettre sa vie en sûreté. Il partit donc pour l'Espagne, au moment où la Vendée commençait à se soulever, c'est-à-dire au commencement de mars 1793, avec un de ses confrères, nommé M. Dauche. On assure que ces deux dignes prêtres étaient chargés par leur supérieur de ménager dans ce royaume un établissement pour la Société des Filles de la Sagesse, qui, à tout moment, avaient à craindre d'être expulsées de leur communauté de Saint-Laurent. Par attachement pour l'habit ecclésiastique, M. Verger et son compagnon de voyage n'avaient pas voulu quitter la soutane avant de se mettre en route. Ce respectable vêtement, alors proscrit, fit qu'on les arrêta aux Herbiers, bourg du Poitou. Un homme qui souvent était allé à la communauté de Saint-Laurent, les reconnut et contribua à les faire prendre. Ils passaient par ce lieu pour se rendre à La Rochelle, où ils avaient dessein de s'embarquer. Ils furent conduits aux Sables-d'Olonnes et emprisonnés, puis dirigés sur la citadelle de l'Ile-de-Ré, et détenus là pendant quelque temps.

On a dit qu'ils avaient été appelés plusieurs fois au tribunal de La Rochelle, interrogés et condamnés à la déportation à la Guyane ; mais rien ne prouve la vérité de ces assertions, et quant à la déportation à la Guyane, le décret qui y condamnait les prêtres réfractaires, ne fut rendu que plusieurs mois après l'époque dont nous parlons.

Poussée, on ne sait par quel motif, la municipalité de l'Ile-de-Ré fit partir pour La Rochelle MM. Dauche, Verger et un troisième prêtre vêtu d'habits laïques.

Ils arrivèrent dans l'avant-port, montés sur une barque, le 21 mars 1793. La veille, on avait vu une populace féroce massacrer quatre ecclésiastiques fidèles, dans un corps-de-garde de La Rochelle. Dès que la barque qui portait les prisonniers de Ré eut été aperçue, les forcenés qui venaient de tremper leurs mains dans le sang, y coururent avec fureur.

Avertis du danger qui les menaçait, MM. Dauche et Verger se préparèrent à la mort et se donnèrent réciproquement l'absolution. Bientôt la barque est envahie. Des femmes rivalisaient de cruauté avec les hommes. Le troisième prêtre se sauve à la faveur de son déguisement, mais ces deux respectables Missionnaires sont assommés. On assure qu'une femme arracha la langue de M. Dauche, parce que, dit-elle, il avait fanatisé. Leurs corps placés sur des traînaux , sont promenés dans toute la ville , puis jetés dans une grande fosse qui contenait de la chaux vive , et était destinée à recevoir les restes des victimes de la fureur révolutionnaire.

*(Extrait de l'*Histoire de la persécution révolutionnaire en Bretagne *, à la fin du dix-huitième siècle , par* **M.** *l'abbé* **TRESVAUX**, *chanoine de l'église de Paris.)*

Nantes, imp. Bourgine, Masseaux et Comp.

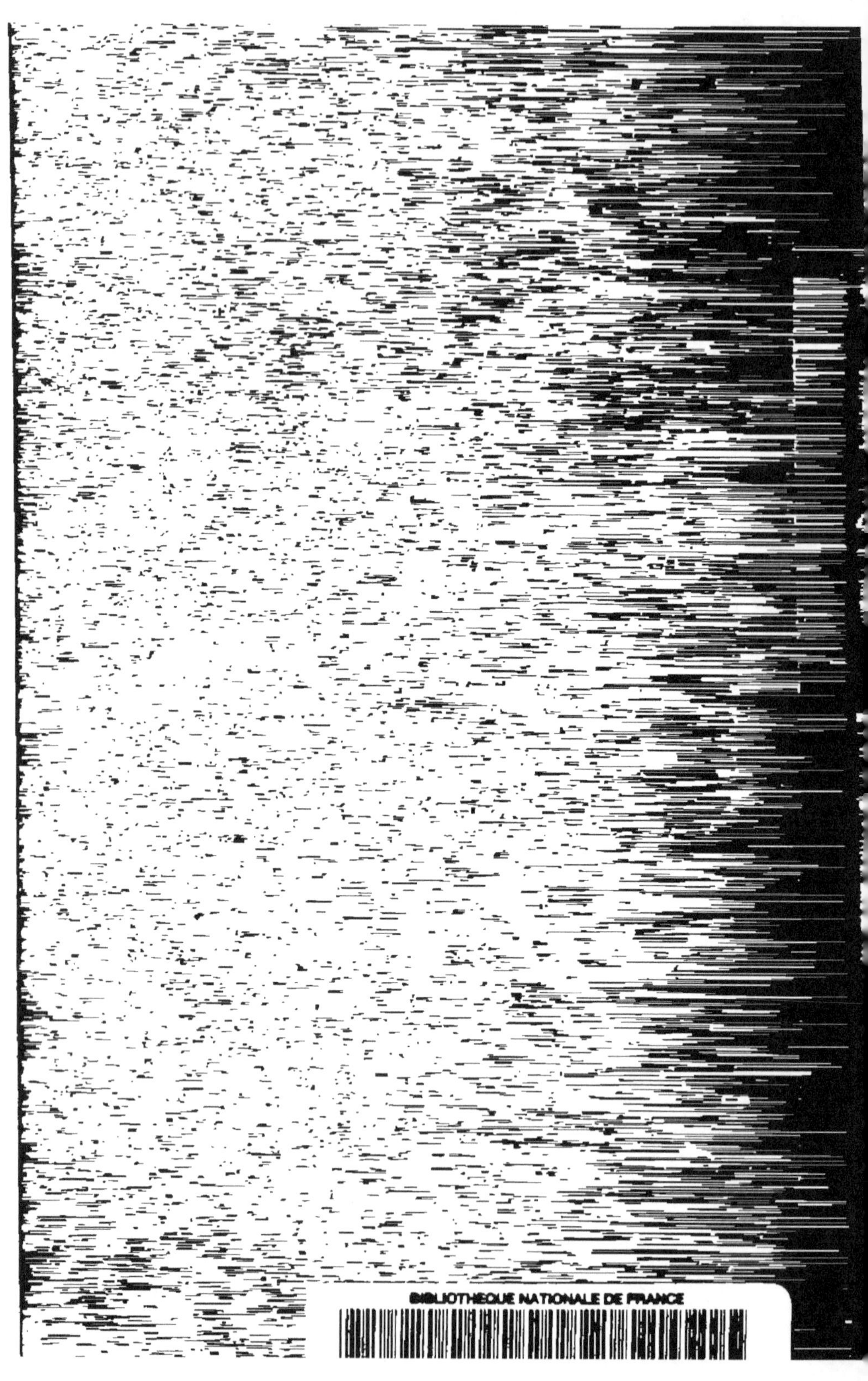